BEI GRIN MACHT SICH IHR WISSEN BEZAHLT

- Wir veröffentlichen Ihre Hausarbeit,
  Bachelor- und Masterarbeit

- Ihr eigenes eBook und Buch -
  weltweit in allen wichtigen Shops

- Verdienen Sie an jedem Verkauf

Jetzt bei www.GRIN.com hochladen
und kostenlos publizieren

Bibliografische Information der Deutschen Nationalbibliothek:

Die Deutsche Bibliothek verzeichnet diese Publikation in der Deutschen National-
bibliografie; detaillierte bibliografische Daten sind im Internet über http://dnb.d-
nb.de/ abrufbar.

Impressum:

Copyright © 2018 GRIN Verlag
Druck und Bindung: Books on Demand GmbH, Norderstedt Germany
ISBN: 9783346192608

Dieses Buch bei GRIN:

https://www.grin.com/document/704200

Franzisca Meierbeck

Erstellung einer Marktanalyse und eines Marketingkonzepts für den Unternehmenstyp Damenfitness-Studio in Hannover als Entscheidungsgrundlage für eine Unternehmensgruppe

GRIN Verlag

GRIN - Your knowledge has value

Der GRIN Verlag publiziert seit 1998 wissenschaftliche Arbeiten von Studenten, Hochschullehrern und anderen Akademikern als eBook und gedrucktes Buch. Die Verlagswebsite www.grin.com ist die ideale Plattform zur Veröffentlichung von Hausarbeiten, Abschlussarbeiten, wissenschaftlichen Aufsätzen, Dissertationen und Fachbüchern.

Deutsche Hochschule für
Prävention und Gesundheitsmanagement
Hermann Neuberger Sportschule 3
66123 Saarbrücken

Hausarbeit (kollektive Prüfungsleistung)

Name, Vorname	Meierbeck, Franzisca
Modul	Marketing 1
Studiengang	Gesundheitsmanagement
Datum Präsenzphase	24.09.18 – 26.09.18
Studienort	München
Gruppe bzw. zu bearbeitende Stadt	Gruppe 6 – Stadt: Hannover
Unternehmenstyp*	**Damenfitness-Studio**

* abhängig von Aufgabenstellung: jeweils den zu bearbeitenden „Unternehmenstyp" eintragen

Inhaltsverzeichnis

1 Marktbeschreibung/-analyse

1.1 Allgemeine Informationen über das Damenfitness-Studio

Die Hauptzielgruppe des Unternehmenstyps Damenfitness-Studio besteht aus Frauen, die Wert auf eine gute Beratung, individuell gestaltete Trainingsbetreuung und eine moderne Ausstattung legen. Das Damenfitness-Studio soll vor allem Frauen ansprechen, die sich in gewöhnlichen Fitness-Studios mit Männern nicht wohl fühlen und ungestört unter Frauen in einem gemütlichen und familiären Ambiente trainieren möchten. Das Alter spielt prinzipiell keine Rolle, doch soll es eine Kinderbetreuung geben, die vor allem junge Mütter anspricht, so wird die Hauptzielgruppe auf das Alter 25+ festgelegt.

Das Damenfitness-Studio positioniert sich am Markt mit hoher Qualität in folgenden Bereichen: Es gibt eine große Auswahl an Kursen mit speziell ausgebildeten Trainerinnen, ein allumfassendes schnelles Trainingskonzept durch einen Kraft-Ausdauer-Zirkel, aber auch die Möglichkeit individuelle Traininspläne von erfahrenen Trainerinnen erstellt zu bekommen, gegen Aufpreis auch in Kombination mit einem Ernährungsplan.

Tab.1: Ableitung der Produkt-, Preis- und Distributionspolitik (eigene Darstellung)

Produktpolitik	- Generell gute Qualität, Befriedigung individueller Kundenwünsche - Differenzierung in Zirkeltraining, Kurse und individuelles Training - Möglichkeit für ein Abnehmprogramm mit individuellem Ernährungsplan
Preispolitik	- Preissegment generell im mittleren Bereich (durchschnittlich 45€ im Monat) - Möglichkeit der Kinderbetreuung zu festgelegten Zeiten gegen Aufpreis - Differenzierung nach Vertragslaufzeit → je länger desto günstiger - Individueller Ernährungsplan gegen Aufpreis - Möglichkeit eines kostenlosen Probetrainings
Distributionspolitik	- Standort im Stadtbezirk Hannover Döhren-Wülfel - Kapazitätsplanung: Individuelle Trainispläne nach Terminvereinbarung; ansonsten ist immer mindestens ein Trainer vor Ort für eine optimale Betreuung zur Verfügung

1.2 Lage und Standort des Damenfitnessstudios

Als Standort für das Damenfitnessstudio wurde der Fiedelerplatz 4 in Döhren gewählt. Um zu große Überschneidungen der Marktgebiete anderer Studios aus dem Unternehmen zu vermeiden, wurde dem Damenfitness-Studio der Süden Hannovers zugeteilt. Döhren-Wülfel wurde ausgewählt, da hier die Arbeitslosenquote im Gegensatz zu Ricklingen unter dem Stadtwert bei nur 5,7 liegt (Stand 2017) (Landeshauptstadt Hannover, 2018). Außerdem ist die Erreichbarkeit des Studios mit öffentlichen Verkehrsmitteln wie zum Beispiel der U-Bahn mit der Haltestelle „Fiedelerstraße", die nur 4 Gehminuten entfernt liegt, optimal. Aber nicht nur die gute Anbindung spricht für den Standort, sondern auch die Tatsache, dass am Fiedelerplatz „immer was los ist" und als „Treffpunkt für den Stadtteil" gilt, da dort auch jeden Freitag ein Wochenmarkt statt findet (Stein, 2016).

1.3 Bestimmung von zwei Marktgebieten

Für die Analyse der Marktgebiete wurde die Zeit-Distanz-Methode gewählt. Die erste (grüne) Distanz beschränkt sich auf 7 Minuten, die zweite (rote) auf 12 Minuten, wobei eine Geschwindigkeitsbegrenzung nicht berücksichtigt wurde. Die Pfeile stellen die zwei stärksten Mitbewerber dar.

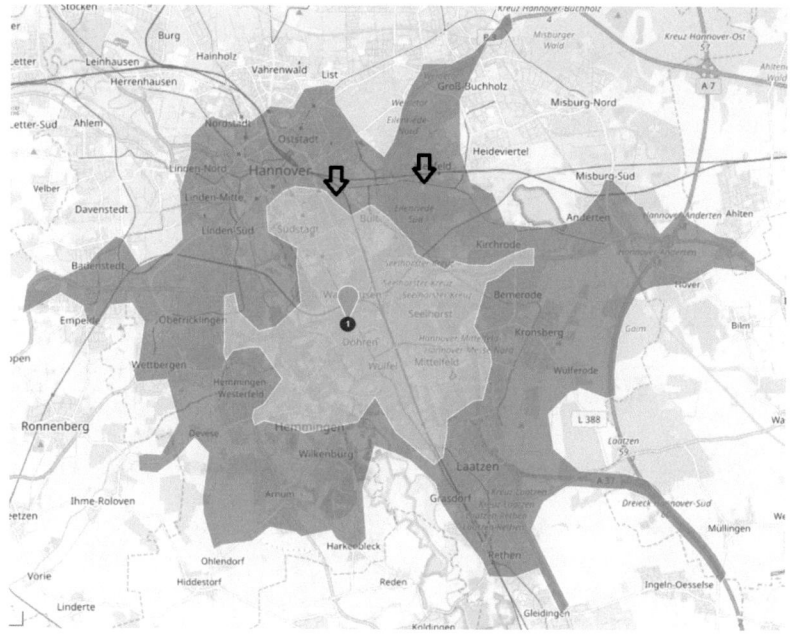

Abb.1: Darstellung von zwei Marktgebieten (Darstellung aus https://openrouteservice.org/)

1.4 Makroumfeldanalyse und Abschätzung des Marktpotenzials

Tab. 2: Kaufkraft und Arbeitslosenquote der Stadt Hannover (eigene Darstellung)

Kaufkraft	22.890€ pro Einwohner (Kaufkraftindex: 101,9) (Industrie- und Handelskammer Hannover. *Kaufkraft- und Umsatzkennziffern zu Hannover.* Zugriff am 08.11.18. Verfügbar unter http://www.free-ihk-hannover.de/web/index.php?rubrik=sta_details&rubrik2=sta_kaufkraft#anfang)
Arbeitslosenquote	6,7 % (durchschnittliche Arbeitslosenquote im Jahr 2018 - bis jetzt) (Bundesagentur für Arbeit. *Arbeitsmarkt im Überblick - Berichtsmonat Oktober 2018 - Hannover, Agentur für Arbeit.* Zugriff am 06.11.18. Verfügbar unter: https://statistik.arbeitsagentur.de/Navigation/Statistik/Statistik-nach-Regionen/BA-Gebietsstruktur/Niedersachsen-Bremen/Hannover-Nav.html)

* Index je Einwohner; Landesdurchschnitt = 100

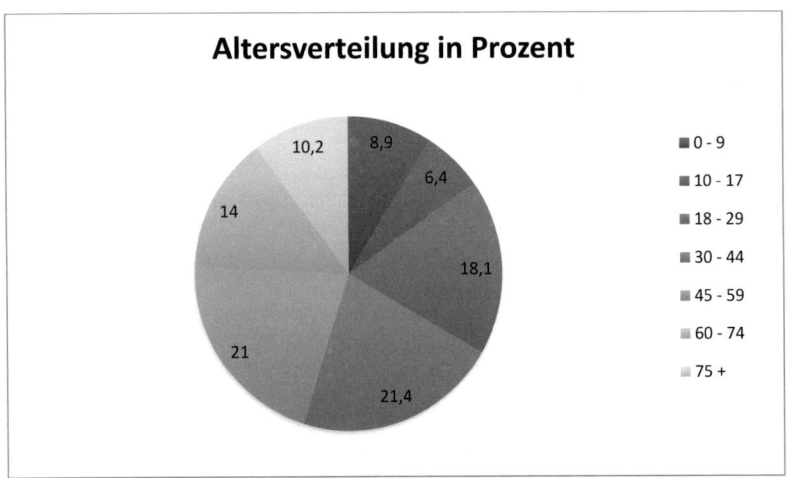

Altersverteilung in Prozent

- 0 - 9
- 10 - 17
- 18 - 29
- 30 - 44
- 45 - 59
- 60 - 74
- 75 +

8,9
6,4
18,1
21,4
21
14
10,2

Abb. 2: Altersverteilung der Stadt Hannover Stand 31.12.2017 (eigene Darstellung)

Marktpotenzial der Marktgebiete:

Tab. 3: Einwohnerzahlen des Marktgebiets 1, aufgeschlüsselt nach Stadtteilen (eigene Darstellung)

Stadtteil	Einwohnerzahl	%-Anteil im Markt-gebiet	Einwohnerzahl im Marktgebiet
Bult	3.109	50 %	1.555
Döhren	13.761	100%	13.761
Mittelfeld	8.643	100%	8.643
Ricklingen	13.143	33%	4.381
Seelhorst	3.590	100 %	3.590
Südstadt	40.010	67%	26.807
Waldhausen	2.239	100 %	2.239
Waldheim	1.779	100 %	1.779
Wülfel	4.500	100 %	4.500
Total Einwohnerzahl Marktgebiet 1			**67.255**

Tab. 4: Einwohnerzahlen des Marktgebiets 2, aufgeschlüsselt nach Stadtteilen (eigene Darstellung)

Stadtteil	Einwohnerzahl	%-Anteil im Markt-gebiet	Einwohnerzahl im Marktgebiet
Anderten	7.836	50 %	3.918
Badenstedt	12.426	33 %	4.142
Bemerode	19.235	100 %	19.235
Bornum	1.422	100 %	1.422
Bult	3.109	50 %	1.555

Stadtteil	Einwohnerzahl	%-Anteil im Markt-gebiet	Einwohnerzahl im Marktgebiet
Calenberger Neustadt	6.894	100 %	6.894
Empelde	12.000	33%	4.000
Groß-Buchholz	27.535	33 %	9.178
Hemmingen	18.923	50 %	9.462
Kirchrode	11.936	66 %	7.957
Kleefeld	12.670	66 %	8.447
Laatzen	41.449	50 %	20.725
Linden-Mitte	12.417	50 %	6.209
Linden-Nord	16.619	66 %	11.079
Linden-Süd	10.416	75 %	7.812
List	45.783	33 %	15.261
Mitte	11.075	100 %	11.075
Mühlenberg	7.544	75 %	5.658
Nordstadt	17.829	50 %	8.915
Oberricklingen	10.743	100 %	10.743
Oststadt	14.266	100%	14.266
Ricklingen	13.143	67 %	8.762
Südstadt	40.010	33 %	13.203
Wettbergen	13.196	50 %	6.598
Wülfenrode	898	50 %	449
Zoo	5.019	50 %	2.510
Total Einwohnerzahl Marktgebiet 2			**219.475**

Berechnung des Marktpotenzials (ohne Berücksichtigung von Mitbewerberinformationen):

(Marktgebiet 1 + 0,7*Marktgebiet 2) * 0,12

$= (67.255 + 0,7 * 219.475) * 0,12 \quad = \quad (67.255 + 153.633) * 0,12$

$= 220.888 * 0,12$

$= \textbf{26.507}$

1.5 Wettbewerbsanalyse

Lady Fitness Hannover (http://enjoy-fitness.de/lady-fitness-hannover):

Das Lady Fitness Hannover bietet hauptsächlich betreutes Training an, wobei man entweder individuelle Trainingspläne erstellen lassen, Kurse besuchen oder feste Programme wie zum Beispiel den Milon-Zirkel nutzen kann. Da es ein Premium-Studio ist, sind die Preise im höheren Preissegment angesiedelt.

Das Studio positioniert sich mit dem Slogan „Mein neues Leben!" als gesundheitsorientiertes Studio, das sehr viel Wert auf die richtige Betreuung legt.

Mrs Sporty Kleefeld (https://www.mrssporty.de/club/hannover-kleefeld/):
Die Kette Mrs Sporty positioniert sich als Studio mit modernsten Geräten und gut ausgebildeten Trainern. Auch hier steht die persönliche Betreuung im Vordergrund. Die Produktpolitik beschränkt sich auf einen ein-jahres-Vertrag im mittleren Preissegment. Es gibt hier die Möglichkeit mit einem besonderen Kraft-Ausdauer-Zirkel zu trainieren, der nur 30 Minuten für eine ganze Trainingseinheit in Anspruch nimmt.

Tab. 5: Vergleich von zentralen Stärken und Schwächen der zwei Mitbewerber (eigene Darstellung)

Fitness-Studio	Lady Fitness	Mrs Sporty	Damenfitnessstudio
Stärken	- Geld zurück Garantie für 8 Wochen & Möglichkeit einer Urlaubsvertretung, auf die man die Mitgliedschaft bei Urlaub übertragen kann - großer Wert auf gute individuelle Betreuung	- kurze Trainingseinheit mit hohem Erfolg - hoher Bekanntheitsgrad -flexibel kündbar nach Erstlaufzeit - hoher Bekanntheitsgrad, da Kette	- Breitere Hauptzielgruppe, da Preise im mittleren Preissegment – Freiere Gestaltung von Trainingskonzepten, auch die Möglichkeit ohne Trainer für Einzelgänger -Kinderbetreuung
Schwächen	- hohes Preissegment -	- kurze Öffnungszeiten - außer Zirkel keine weitere Trainingsmöglichkeit (keine Abwechslung)	- Keine flexible Kündigung möglich - schlechte Parkmöglichkeiten

2 Marketingplanung

2.1 Budgetplanung

Berechnung des Jahresmarketingbudgets anhand der Methode „Marketingkosten pro Neukunde":   Erfahrungsgemäße Marketingkosten: 50€/Neukunde

Geplante Mitgliederzahl nach dem ersten Geschäftsjahr: 400 Mitglieder

→ Jahresmarketingbudget: 50€ * 400 = **20.000€**

2.2 Kommunikationspolitik

Tab. 6: Aktionsplanung der Kampagne im Detail (eigene Darstellung)

Instrument	Werbung	Online & Social Media Marketing	Direktmarketing
Begründung	Gegeben	Die ausgewählten Internetseiten sprechen spezifischer die Hauptzielgruppe an	Kostengünstiger, Möglichkeit der persönlichen Interaktion mit Zielgruppe, somit Erschaffen einer persönlichen Kundenbeziehung
Aktionstitel	Werbeplakate	Internet Banners	Flyer
Aktionsnummer	W 01	OS 01	D 01
Verantwortlicher	Leiter der Marketingabteilung		
Aktionszeitraum	2 Monate vor der Eröffnung bis zur Eröffnung		Ein Tag 6 Wochen vor Eröffnung und ein Tag 4 Wochen vor Eröffnung
Ziel der Kampagne	Steigerung der Bekanntheitsgrades und Neukundengewinnung		
Ziel der Aktion	Erschaffen eines möglichst hohen Bekanntheitsgrades innerhalb des Stadtteils Linden-Limmer	Erschaffen eines möglichst hohen Bekanntheitsgrades innerhalb der Zielgruppe	Erschaffen einer persönlichen Kundenbeziehung, Gewinnung von Neukunden durch persönliche Ansprache
Inhalt und Umsetzung	Vermittlung der Information über die Eröffnung des Studios und der Möglichkeit der Kinderbetreuung; Gestaltung & Montage erfolgt über eine Agentur	Platzierung von Bannern auf Facebook und Internetseite, die v.a. von Frauen genutzt werden; Gestaltung erfolgt über eine Agentur; Platzierung über Facebook	Persönliche Verteilung von Flyern durch direktes Ansprechen der Zielgruppe; Gestaltung erfolgt über eine Agentur
Erfolgsmessung	Befragung der Neukunden, woher das Unternehmen bekannt ist Außerdem: Anhand der Neuabschlüsse innerhalbs des ersten Quartals gemessen in Prozent der geplanten Mitgliederzahl nach dem ersten Geschäftsjahr		

Zur leichteren Darstellung wurde als Eröffnungsdatum die Kalenderwoche 49 gewählt.

9/15

Tab. 7: Zeitliche Planung der Aktion im Detail (eigene Darstellung)

Datum	Planung	Wer	Bis wann	Erl.
Werbeplakate				
Woche 33	Agenturen für Plakatdesign heraussuchen und vergleichen	MA	Woche 34	
Woche 34	Entscheidung für eine Agentur	LM	Woche 35	
Woche 35-37	Verschiedene Angebote von Agentur erwerben & vergleichen	MA	Woche 37	
Woche 38	Angebot auswählen & Standorte festlegen	LM	Woche 38	
Woche 39	Auftrag abgeben	MA	Woche 39	
Internet Banner				
Woche 32	Agenturen für Internetbannerdesigns heraussuchen & abwägen	MA	Woche 33	
Woche 34	Entscheidung für eine Agentur	LM	Woche 34	
Woche 35-36	Designvorschläge von Agentur einholen	MA	Woche 36	
Woche 37	Entscheidung für ein Design	LM	Woche 38	
Woche 39	Anzeige über Werbeanzeigenmanager von Facebook abgeben	MA	Woche 39	
Woche 37	Agenturen für Onlinemarketing heraussuchen und vergleichen	MA	Woche 37	
Woche 38	Entscheidung für eine Agentur	LM	Woche 38	
Woche 39	Auftrag mit fertigem Bannerdesign abgeben	MA	Woche 39	
Flyer				
Woche 35	Agenturen für Flyer Design heraussuchen und vergleichen	MA	Woche 36	
Woche 36	Standort für Wochenmarkt am Fiedelerplatz genehmigen lassen	MA	Woche 36	
Woche 37	Entscheidung für eine Agentur	LM	Woche 37	
Woche 37 - 39	Treffen mit der Agentur um verschiedene Vorschläge zu vergleichen	LM	Woche 39	
Woche 39	Entscheidung für ein Flyer Design	LM	Woche 39	
Woche 40	Agenturen für Flyer Druck heraussuchen und vergleichen	MA	Woche 40	
Woche 41	Entscheidung für eine Agentur und Auftrag abgeben	LM + MA	Woche 41	
Woche 42	Verkaufsstand von Firma intern Mieten	MA	Woche 42	
Woche 43 + Woche 45	Aktion Verkaufsförderung Fiedelerplatz	LM + Team	Woche 43 + Woche 45	

MA = Mitarbeiten, LM = Leiter Marketingabteilung

2.3 Werbeplanung

Tab. 8: Werbemittel und Werbeträger der Kampagne (eigene Darstellung)

Werbemittel	Werbeträger	Begründung	Dauer/Stück	Preis
Großflächenplakate	Litfaßseule, Großflächenplakatständer	Durch die Größe sehr hohe Wahrscheinlichkeit im entsprechenden Stadtteil wahrgenommen zu werden	2 Monate vor Eröffnung bis zur Eröffnung, 2 Litfaßseulen + 2 Großflächenplakate	1450€
Banner	Facebook & Internetseiten über Sport/ Beauty/Abnehmen etc.	Internetnutzung seit Jahren tendenziell steigend (ARD & ZDF, 2018a), v.a. Facebook wird von der ZG häufig genutzt (ARd & ZDF, 2018b); spezifisches Ansprechen der Hauptzielgruppe	Ab 2 Monate vor Eröffnunng	3000€
Flyer	Verkaufsstand am Fiedelerplatz	Möglichkeit direkt die Zielgruppe im Einzugsgebiet anzusprechen; Möglichkeit der Entwicklung einer persönlichen Kundenbeziehung, kostengünstiger	2000 Stück	Flyer: 200€ Verkaufsstand: 250€

2.4 Kostenkalkulation

Tab. 9: Kostenkalkulation der Werbekampagne (eigene Darstellung)

Werbemaßnahme	Planung	Kosten	Kosten geplant
Großflächenplakate	Auftrag der Agentur für das Design	200€	
	Agentur für Standorte und Montage von 4 Plakaten	1.250€	
	Insgesamt	**1.450€**	1.000€
Internet Banner	Auftrag der Agentur für das Design	150€	
	Auftrag der Agentur zur Freischaltung der Internet Banner	2.500€	
	Werbung auf Facebook	850€	
	Insgesamt	**3.450€**	2.500€
Flyer	Auftrag der Agentur für das Design	100€	
	Auftrag des Flyer Drucks	100€	
	Miete für Platz am Wochenmarkt 2x	250€	
	Insgesamt	**450€**	500€
Insgesamt		**5.350€**	4.000€

Die eingeplanten Kosten beschränken sich auf 20% des Jahresmarketingbudgets und somit auf 4.000€. Die tatsächlichen Kosten überschreiten die geplanten Kosten also um 1350€.

Als Optimierungsmöglichkeit könnte für die Erstellung der Designs der Großflächenplakate, Internet Banner und Flyer zusammen eine Agentur gewählt werden, s.d. man ähnliche Designs für alle Werbemaßnahmen und somit eine Vergünstigung bei den Ausgaben für die Agenturen der Designs erlangt.

Eine weitere Möglichkeit ist die Reduktion der Anzahl der Großflächenplakate und Internet Banner, wobei die meisten Agenturen für Internet Banner einen Mindestbestellwert von 2500€ festgelegt haben. Infolgedessen ist eine Kostensenkung an dieser Stelle schwierig.

Allgemein sollte das Budget für die Vermarktung der Neueröffnung höher gelegt werden, da der Erfolg dieser Kampagne durchaus über den Start sowie die folgende Existenz des neuen Damenfitness-Studios entscheiden kann.

2.5 Synergieeffekte im Rahmen

Da alle Studios Online- oder Social Media Werbung begründet als Instrument gewählt haben und ein ähnliches Preissegment besitzen ist durch ähnlich gestaltete Werbung im Internet durchaus ein positiver Synergieeffekt möglich.

3 Abschlussstatement

Das Damenfitness-Studio wäre durchaus realisierbar, da die Lage in Döhren-Wülfel am begehrten Fiedelerplatz optimal ist. Nicht nur wegen der vielen Einkaufsmöglichkeiten und dem wöchentlichen Stadtmarkt, sondern auch durch die unter dem Stadtwert liegende Arbeitslosenquote. Die Konkurrenz ist groß und sollte ernst genommen werden, doch wäre dieses Damenfitness-Studio das erste in der Gegend mit der Möglichkeit zur Kinderbetreuung, die eine zentrale Stärke vor allem im Bezug auf die Zielgruppe Frauen darstellt.

Das geplante Premium-Studio in Vahrenwald-List überwiegt mit seinen Stärken die der nicht weit entfernten Mitkonkurrenten. Besonders die vorgesehenen Kooperationen mit Firmen wie BMW wirken vielversprechend.

Das Gesundheitsstudio im Stadtteil Groß-Buchholz scheint ebenso realisierbar zu sein. Vor allem durch die Zusammenarbeit mit der Medizinischen Hochschule Hannover und dem angrenzten Krankenhaus hat es trotz der vorhandenen Konkurrenz genug Potenzial um am Markt bestehen zu bleiben, da die Gesellschaft immer älter wird und immer mehr Therapien und gesundheitsorientiertes Training gefragt ist.

Der Standort des EMS-Studios ist in der Dragonerstraße im Bezirk Vahrenwald-List. Umgeben von vielen Einaufs- und öffentlichen Anbindungsmöglichkeiten scheint die Lage des Studios gut gewählt. Da die Konkurrenz bekannt und sehr nahe am gewählten Standort liegt, ist diese auch hier auf keinen Fall zu unterschätzen. Da das EMS-Training ansich noch nicht so weit verbreitet ist, wie das Fitness-Training in herkömmlichen Studios, ist eine Eröffnung eines weiteren EMS-Studios in dieser Gegend noch zu bedenken.

Die Stadt Hamburg ist durchaus attraktiv für die Unternehmensgruppe. Die geplanten Studios befinden sich alle im mittleren bis oberen Preissegment. Da eine überdurchschnittliche Kaufkraft im Vergleich zu anderen Städten gegeben ist, stellt dies eine gute Voraussetzung dar, um sich als Unternehmensgruppe im Premiumbereich zu positionieren. Generell gibt es für jeden Unternehmenstyp eine hohe Konkurrenz. Daraus stellt sich die Frage, ob genug Nachfrage zur Umsetzung vorhanden ist.

4 Literaturverzeichnis

ARD & ZDF. (2018a). *Anzahl der Internetnutzer in Deutschland in den Jahren 1997 bis 2018 (in Millionen)*. Zitiert nach de.statista.com. Zugriff am 08.11.18. Verfügbar unter https://de.statista.com/statistik/daten/studie/36146/umfrage/anzahl-der-internetnutzer-in-deutschland-seit-1997/

ARD & ZDF. (2018b). *Anteil der Nutzer von Social-Media-Plattformen nach Altersgruppen in Deutschland im Jahr 2018*. Zitiert nach de.statista.com. Zugriff am 08.11.18. Verfügbar unter https://de.statista.com/statistik/daten/studie/543605/umfrage/verteilung-der-nutzer-von-social-media-plattformen-nach-altersgruppen-in-deutschland/

Bundesargentur für Arbeit. Arbeitsmarkt im Überblick - Berichtsmonat Oktober 2018 - Hannover, Agentur für Arbeit. Zugriff am 06.11.18. Verfügbar unter: https://statistik.arbeitsagentur.de/Navigation/Statistik/Statistik-nach-Regionen/BA-Gebietsstruktur/Niedersachsen-Bremen/Hannover-Nav.html

Industrie- und Handelskammer Hannover. *Kaufkraft- und Umsatzkennziffern zu Hannover*. Zugriff am 08.11.18. Verfügbar unter http://www.free-ihk-hannover.de/web/index.php?rubrik=sta_details&rubrik2=sta_kaufkraft#anfang

Landeshauptstadt Hannover. (2018). *Struktudaten der Stadtteile und Stadtbezirke 2018*. Hannover. Presse- und Öffentlichkeitsarbeit der Landeshauptstadt Hannover

Stein, J. (5. August 2016). *Auf dem Fiedelerplatz ist "immer was los"*. Abgerufen am 3. November 2018 von Hannover Allgemeine: http://www.haz.de/Hannover/Aus-den-Stadtteilen/Doehren/Auf-dem-Fiedelerplatz-ist-immer-was-los

5 Abbildungs- und Tabellenverzeichnis

5.1 Abbildungsverzeichnis

5.2 Tabellenverzeichnis

BEI GRIN MACHT SICH IHR WISSEN BEZAHLT

- Wir veröffentlichen Ihre Hausarbeit, Bachelor- und Masterarbeit

- Ihr eigenes eBook und Buch - weltweit in allen wichtigen Shops

- Verdienen Sie an jedem Verkauf

Jetzt bei www.GRIN.com hochladen und kostenlos publizieren